千古治黄第一人

潘季驯

中共吴兴区委宣传部
湖州市经济与文化研究会 编

中国美术学院出版社

《千古治黄第一人——潘季驯》
编委会名单

内容提要

本书以图文并茂的形式，描绘了我国明朝著名的水利学家、千古治黄第一人——湖州吴兴人潘季驯的光辉形象，再现了他先后四次主持治理黄河、运河和淮河的艰难历程，以及在长期的治河实践中，逐渐完善“筑堤束水，以水攻沙”的治黄方略的过程。故事赞美了他清正廉洁、体恤民情、坚韧不拔、勇于创新、坚持正义的高尚品质。

潘季驯，我国明代杰出的水利学家、治河工程学专家。他先后四次受命治理河道，前后历时二十七年，被世人誉为『千古治黄第一人』。

明正德十六年（一五二一），潘季驯出生于江南著名的鱼米之乡——乌程（今湖州市吴兴区）。乌程位于太湖以南，山水秀美，人杰地灵。

太湖溇港圩田系统是古代太湖沿岸人民变涂泥为沃土的一项独特创造。潘季驯的家乡湖州的母亲河苕溪之水正是经溇港分散流入太湖的，而溇港河道多呈南宽北窄之貌。

潘家是当地的殷实人家，潘季驯的父亲潘夔也曾饱读诗书，并被送入郡学刻苦攻读。但一场大火将家业化为灰烬，潘夔只得肩负起重振家业的重任。后来，他把考取功名的希望寄托在四个儿子身上，尤其是小儿子潘季驯。

小季驯的表现令父母万分欣慰，他七岁入学为附学生员。十三岁时，因学习成绩优异而成为享受官府补贴的公费生。

潘季驯不仅学习勤奋，还善于观察思考。有一年的汛期，他来到溇港边，看到自南往北流入太湖的苕溪水经过逐渐变窄的河道与桥洞时，流速快了很多。这给他留下了很深的印象。

嘉靖二十八年（一五四九）八月，潘季驯在杭州府参加了三场乡试，得中举人。潘夔听到潘季驯中举的消息后，十分高兴。

第二年初春，潘季驯告别家乡，北上京城，参加会试。他站在船头，望着运河的碧波秀水，顿觉心潮澎湃，下决心要早日金榜题名，实现父亲对自己的殷切期望。

潘季驯一路枕水而行，过了淮安，出了清口，就进入黄河。面对扑面而来的滚滚浊浪，他依稀感到这条大河将与自己的一生结下不解之缘。

二月初，潘季驯赶到了京城，他顾不得一路的劳顿，兴致勃勃地饱览了京城的名胜古迹和市井风貌。随后他便埋头苦读，准备二月初九开始的会试。

会试当天，潘季驯胸有成竹，气定神闲，下笔成章。果然，潘季驯金榜题名，得中进士，走到了人生旅途中的重要转折点。

嘉靖三十年（一五五一），潘季驯来到江西九江府任推官。江西土地贫瘠，且民风凶悍。这对初入仕途的潘季驯而言，无疑是一个严峻的考验。

好在此时的潘季驯已过而立之年，不仅学识过人，人生经验也已较为丰富。他一上任，就对各类案件进行逐一复核，发现疑点便深入调查，绝不放过。

有一位名叫刘云四的囚犯，因遭受仇家陷害，被判处死刑。潘季驯在查案时发现，此案的疑点很多。他经过深入细致的明察暗访，最终确定这是一起冤案。

潘季驯即刻奏明上司，要求对此案重新审理改判，刘云四的冤屈终于得到洗刷。判决结果公布后，百姓们欢呼雀跃，交口称赞。

潘季驯还进行了驿站制度改革，不仅规范了官府的征调手续，节省了经费，还极大地减轻了百姓的负担。

由于政绩卓著，潘季驯在嘉靖三十三年（一五五四）正月升任为江西道监察御史。不久，其父潘夔不幸病逝，潘季驯连忙告假回家奔丧，并按例为父丁忧三年。

守丧期满后，潘季驯被起用为南京河南道监察御史。恰逢京师三大殿起火，工部急需上好木材修复。但当时又没有现成的大木料可用，致使修复工作无法如期进行。

朝臣中有人指出，立国之初为修建南京宫殿而储备的不少大木料，因迁都而被闲置并在一次洪水中失踪，需派人查找，以解燃眉之急。潘季驯刚到河南道即接到『核大木于南都』的命令。

有人认为大木很有可能被埋在南京城内的一大片民宅下面。许多人提议先拆迁民居，挖开地面看看再说。

潘季驯立刻制止了这种劳民伤财的盲目行为，他马上组织人员，查阅当地的各种相关资料，研究分析后最终确定了木料被埋在大池塘的淤泥之中。

清理池塘淤泥的当天，潘季驯第一个跳进池塘，动手开挖。最终失踪已久的大木料得以重见天日，当地百姓也避免了一场拆屋搬迁的大劫难。这也再次体现了潘季驯体恤民情、办事严谨的优良作风。

不久，潘季驯转任广东巡按御史。当时的广东沿海盗寇充斥、山贼猖獗。虽然潘季驯急令地方卫所派兵抵抗，但收效甚微。

潘季驯深入民间，明察暗访，得知盗寇、山贼猖獗的原因是『民穷而后盗起』，而『民穷』的原因又在于守令的昏聩酷暴，不知安民。于是，他向朝廷上奏了《慎选民牧疏》。

潘季驯认为当地官员经不起诱惑而贪赃枉法，广东又远离京师，朝廷鞭长莫及，百姓诉告无门、忍无可忍，只好起而反抗，终成『盗贼』。他提出应选派清廉爱民、注重名节之人担任地方官员，才能逐渐消除百姓与官府的矛盾。

潘季驯还建议不能用简单粗暴的方法派兵镇压，应当实行安抚政策，同时对于屡教不改之徒则坚决予以打击。在他的努力下，广东的局势在短期内便得到了较大的改观。

在广东潮州府潮阳县，当地生员萧与衡的义子萧德状告知县蔡明复非法坑儒、兴兵抢劫。但潮阳县申报上司时却说恶豪生员萧与衡不法。潮州府则认为此乃因城池之事引起的纠纷。潘季驯开始关注此案，要求深入调查此案。

经查，蔡明复实乃贪酷之吏，声名狼藉，民愤极大，但他却一直逍遥法外，未受到处理。潘季驯非常气愤，当即下令要认真追究，不可延迟。

经潘季驯查证，受蔡明复之害的有近百户人家，许多人家被害得家破人亡，妻离子散。在收集确凿证据之后，潘季驯毫不犹豫地将蔡明复等人抓捕归案，并请求朝廷严惩蔡明复之流。

在广东，潘季驯改革弊政，整肃风纪，还广泛推行『均平里甲法』。他还向朝廷推荐了一大批勤政爱民、铁面无私、品行高洁的贤德之士。他离任时，百姓夹道挽留。

嘉靖四十四年（一五六五）年末，潘季驯升任为都察院右佥都御史，协助工部尚书朱衡总理河道事务，开始了他人生中的第一次治河生涯。

潘季驯受命治理河道时，黄河河患的形势已非常严峻。嘉靖后期，黄河之水在徐州附近横冲直撞，『忽东忽西，靡有定向』。治理黄河，消除河患，成为当时朝政的大事。

在担任广东巡按御史时，潘季驯就曾经上疏朝廷，发表过对河道问题的看法。但这次担任总理河道的任务，毕竟是潘季驯首次治理黄河，他自然非常谨慎。

他虚心地向前辈讨教，翻阅历史资料，学习前人宝贵经验，并进行实地勘察，向沿河村民了解实情。综合各类信息，潘季驯逐渐形成了自己对治理黄河的独特看法。

对于这次治河，潘季驯与朱衡分别提出了各自的治理方案。朱衡从『治黄保运』出发，以尽快恢复漕运为目的，建议开『南阳新河』。

然而，潘季驯的观点却恰恰相反，他认为开新河道费钱费力，应大力疏浚留城以上昭阳湖以西的运河故道。为此，他向朝廷上奏了《阅视河工疏》。

朱衡也上奏了《修复运河故道疏》，提出反对意见。两位治理河道的官员在治河方法上产生了分歧，朝廷一时委决不下，治河方案迟迟难以确定。

为了尽快落实治河方案，潘季驯仔细分析了朱衡的奏疏内容，觉得朱衡的说法也有道理。他主动修正了自己的治河意见，并提出了修复一段黄河故道的建议。

最后的治河方案基本以朱衡为主，主持开挖『南阳新河』。而由潘季驯负责疏浚恢复一段运河故道。由于两位治河官员兢兢业业，又指挥有方，工程开展得相当顺利。

然而，令人始料未及的是，就在工程即将完工之时，黄河突然从沛县决口。朝臣们对此议论纷纷，很多人认为开新河的决策是错误的，有人还要求皇上罢黜朱衡。

潘季驯并没有落井下石，而是客观分析了当时治河的形势，认为施工方案不能稍遇挫折就被放弃，施工队应该继续按照原先的方案施工。

朝廷对潘季驯的意见十分重视，立即予以批准，治河工程终于按原计划继续进行。

嘉靖四十五年（一五六六）九月，新开运河和疏浚旧河完全贯通，漕运畅通。潘季驯与朱衡来到工程现场，看着眼前的治河成果，欣喜万分。

治河成功的消息传到京师，皇上大喜，当即赋诗以资嘉奖。朱衡罢黜之事也不再提及。他与潘季驯一道，继续做着治河的善后工作。

此次河道治理，成效是明显的，特别是工程完工后漕运效率提高了近二十倍。潘季驯在喜悦的同时也加深了对黄河水性的认识，为他日后的三次黄河治理打下了基础。

当潘季驯满怀信心准备在治河上大干一番的时候，其母闵氏不幸去世。他听到消息后，悲痛万分，来不及细想便奏明朝廷，回湖州老家奔丧。

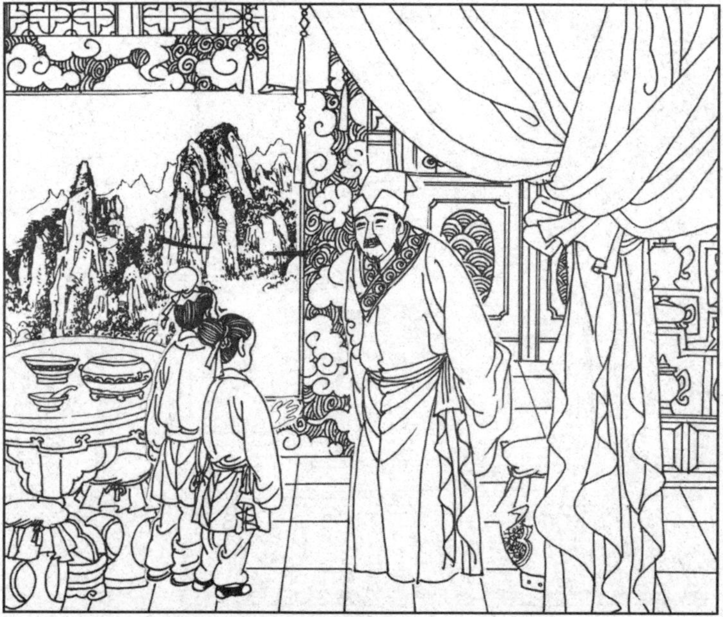

潘季驯已在外为官十年，一直处于紧张劳苦之中，此次回乡他一方面守丧尽孝，另一方面也可以在家中教育后辈。

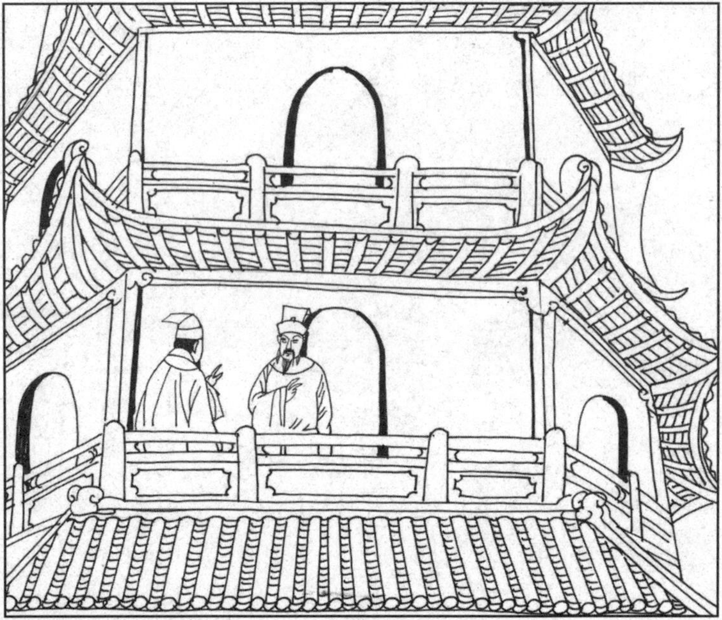

隆庆三年（一五六九），好友王世贞任职守杭嘉湖道。潘季驯与他一同饱览湖州的湖光山色，他们登岘山、游飞英塔。好友的陪伴，给沉浸于丧母之痛的潘季驯以莫大的安慰。

在潘季驯丁忧期间，国事、河事都发生了较大的变化。隆庆皇帝登基，朱衡向新皇帝提出停止疏浚上源，只疏浚秦沟，修筑南长堤，彻底抛弃了潘季驯的治河主张。

后来，朱衡被朝廷召回，翁大立接任河道大臣之职。翁大立向朝廷提出的建议，则完全是支持朱衡的治河主张，反对潘季驯『复故道』的治河主张。

其实，朱衡和翁大立的治河主张都是短视行为，根本不可能从源头上解决黄河问题。不久，黄河再次决口，河南、山东、江苏等地均受其害，漕运再受影响。

而几乎同时，淮河又决堤，黄、淮并溢，洪水横流，朝廷上下无不忧心忡忡。然而，朱衡早已对彻底治理黄河失去了信心，他认为治理黄河只能因势利导、随弊修补。

朱衡认为：治理黄河、运河，只要保住漕运通畅，便万事大吉。至于黄河的泛滥决溢不必去管，此乃河之本性，不是人力所能左右的。

隆庆四年（一五七〇）秋，黄河暴涨，茶城一带全部淤塞，山东境内沙河、薛河、汶河、泗水等河同时暴涨，滔滔浊浪冲决仲家浅运道，由梁山出戚家港，与黄河汇合。

在这样的情况下，潘季驯临危受命，回朝再次出任总理河道大臣，并以第一负责人身份主持治河。面对复杂的河道形势，潘季驯肩上的担子不轻。

潘季驯赶到山东济宁总河衙门后，便组织人马实地勘察河道情形，讨论和制订治河方略，按照『复故道，修堤坝』的策略，准备大干一场。

他对治河官员们说：『复故道确有很大的难处，但这是治河的正确方针。』经过他的细心讲解和耐心劝导，『复故道』成了此次治河的共识。

隆庆五年（一五七一）正月，浩大的『复故道』工程正式开始，这次的重点是治理徐州到邳州的河道。潘季驯组织了五万河工，先在淤积的河床上挖出一条渠道，然后调拨人力堵塞决口、修复大堤。

当决口已基本堵住，修复堤坝工程也初步告成时，上游地区突然下起暴雨，河水猛涨，形势危急。汹涌的河水将刚刚修好的堤坝一下子冲毁了大部分。

河工们被眼前的景象吓呆了，有些人当即号啕大哭。大家为一个多月的心血毁于一旦而痛心。此时，潘季驯正在患背疮，他裹上伤口，忍着剧痛来到工地现场。

潘季驯知道河工们都敬畏河神。为了鼓舞士气，他就假借河神之语安抚大家。于是，治河工地上人心稍安。

潘季驯又带领河工们来到河神庙，在瓢泼大雨之中，举办了隆重的祭祀仪式，请求河神显灵，为治河成功助一臂之力。

潘季驯不顾背疮带来的剧痛，亲临治河工地现场指挥。他栉风沐雨，数次来到最危险的地方，与河工们一起堵决口、护大堤。

有一次，潘季驯乘船在湍急的河流中指挥堵决口，忽然风雨大作，波浪翻滚，船失去了控制。幸好船卡在了被大水淹没的大树树杈间，他才得以脱险。

河工们看到潘季驯抱病同他们一起治水，不由得感动万分。大家团结一心，克服种种艰难困苦，终于将所有的决口全部堵住。

在此次治河工程中，潘季驯根据决口的大小，先用大柳树做埽心，然后用草层层包裹，里面再卷上土，制成长与决口相当、直径两丈的大埽，用绳吊着放到决口，决口立即被封住了。

当时治河的最重要目的还是要确保漕运畅通。当此次治河使得原本淤积于河中的漕船得以顺利航行后，在场的数万军民顿时群情振奋，齐声欢呼。

此次治河效果明显。最重要的是，潘季驯已初步形成了利用双重堤防实现束水攻沙的设想，也许这与他年轻时观察过家乡的溇港水利工程时所受到的启发有关。

漕运畅通后，朝廷上下都把注意力集中在漕船上。虽然潘季驯万般小心，但漕船在行驶过程中还是出了问题，很多漕船发生了事故。

这原本并不是潘季驯的责任，但朝中却有人上疏弹劾他治河无方，请求将其撤职。这种毫无道理的说法居然得到了朝廷的批准。

潘季驯辛辛苦苦抱病治河，差点性命不保，好不容易治河成功，却因当时朝廷的当权者的排斥和打击，反倒落了个罢免回家，这使他感到非常气愤。

在落职回乡的路上，潘季驯总觉得有一股怒气无法宣泄，他感到委屈，又感到悲哀，深觉官场的确是个是非之地。于是，他对仕途心灰意冷，也没了当官的兴致。

但他一想起治河时的情景，又感到无限的遗憾和莫名的焦虑，他深知虽然大堤修成，但防护堤坝的任务还很重。而且，他关于『束水攻沙』的设想也尚未得以完全实施。

万历帝登基后，由于年幼，真正把持朝政的是内阁首辅张居正。他『慨然以天下为己任』，大刀阔斧地进行了一系列改革，起用了一大批能臣良将。

万历五年（一五七七），黄河决口于崔镇。万历六年（一五七八），潘季驯又被委以治河重任，朝廷令其总理河漕事务。由此，潘季驯开启了第三次治河生涯。

潘季驯上任后立即带领下属巡视河道情况，实地查看灾情，征求百姓们对治河的意见和建议。

据一位老渔民反映，海口原本『深不可测』。近年来由于黄、淮两河分流，水势减弱，造成泥沙淤积，海口也随之变窄，变浅。如若两河能重新合流，那海口不用疏浚也能恢复如初。

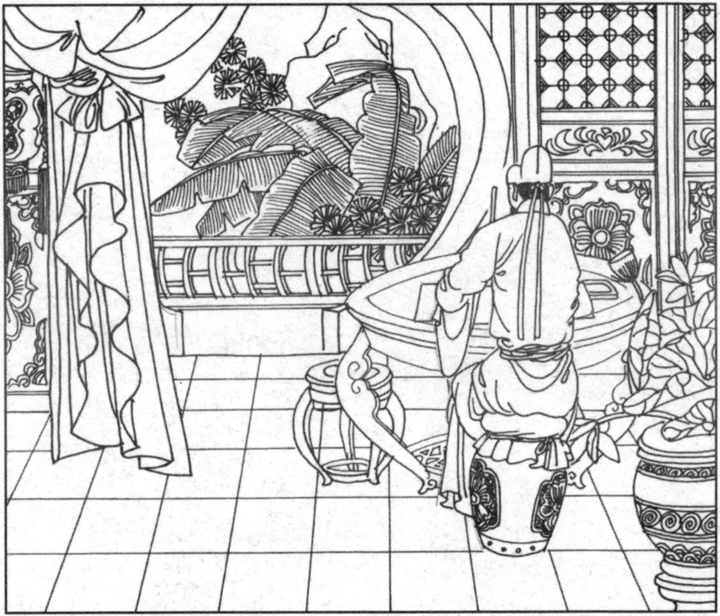

老渔民的建议让潘季驯深受启发。他再结合自己前两次治河的经验教训，立即向朝廷上奏了一道《两河经略疏》，阐明了自己这次的治河主张。

潘季驯提出了用水力刷沙之策，即在靠近河岸处修建缕堤，以束狭河流，使河水冲刷河床。并在离缕堤的稍远处再建一道遥堤。在遥堤和缕堤之间还建有格堤，在险要或单薄的堤段还加筑月堤。

『蓄清刷黄』就是一方面阻止黄河水南入洪泽湖，另一方面大筑高家堰，蓄全淮之水于洪泽湖内，逼淮水尽出清口，实现『以清刷黄』。

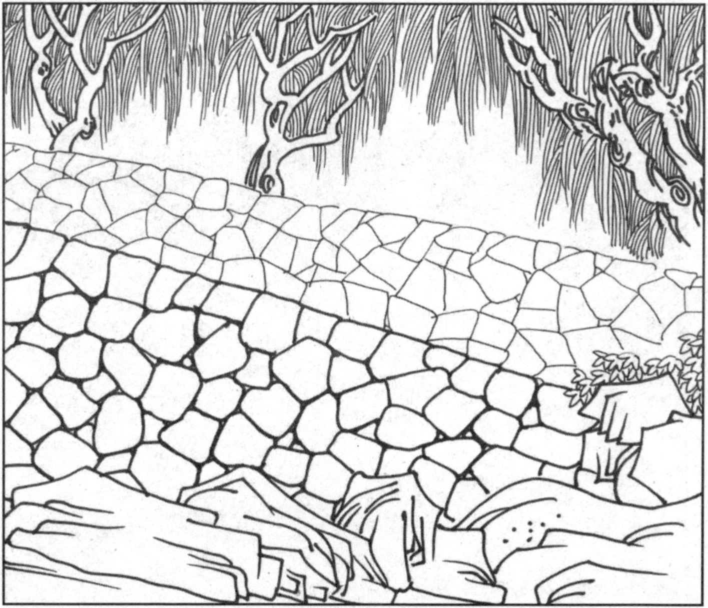

潘季驯的治河主张得到了朝廷的大力支持，工程进展得相当顺利。在他的主持下，『高堰初筑，清口方畅，流连数年，河道无大患』。

潘季驯与同僚江一麟沿河视察工程情况，登徐州云龙山，并即兴赋诗一首，即《同江司徒小酌云龙山》。

治河成功后，潘季驯赴任南京兵部尚书，后又被调进京任刑部尚书。虽然暂时离开治河工地，但他依旧关注和思考着河道的治理，并积极向吏部推荐治河人才。

内阁首辅张居正去世后，朝中局势迅速发生变化。不久，万历皇帝下诏抄没张居正家的全部财产。办案官员以防止转移财产为由，将张居正的家人软禁起来。而张居正之子张敬修被逼自杀身亡。

潘季驯虽然以前受过张居正的排挤，但他仍上疏为张居正的高龄母亲请求宽待。万历皇帝因此很不高兴，最终将他撤职罢官。

潘季驯早就想给家乡人民做点实事。如今，他再次罢官回乡，终于可以实现自己为家乡人民做点实事的心愿了。

湖州城北的苕霅两溪汇流处经常发生渡河乡民落水身亡的事故，潘季驯的父亲潘夔生前一直想在此处建一座大桥，以便乡民往来。但他最终也未能如愿，留下了终生的遗憾。

潘季驯决心实现父亲的遗愿，造福乡里。他找到当时的乌程知县，知县当场表示全力支持他建桥。

潘季驯知道当时地方政府财力有限，因此他告诉乌程知县，自己会募集资金建桥。乌程知县听了很受感动。

潘季驯回到家中，说服了家人，拿出了积蓄，并动员亲属、族人出资，共募得白银二千五百两。

资金筹措成功后，潘季驯在官府的协助下，立马组织建桥工作。工程于万历十三年（一五八五）三月正式动工。

作为建桥的发起人和组织者，潘季驯理所当然成了工程的核心人物和总指挥，全身心地投入建造桥梁的工作中。

桥终于在万历十八年（一五九〇）十月竣工。桥建成后，百姓们欢呼雀跃。为感谢潘季驯，遂将桥命名为『潘公桥』。

潘公桥的工程质量很好，到清代中叶才重建。新建的潘公桥由原五孔改为三孔。该桥现仍矗立在湖州城北。

在潘季驯罢官居家期间，河患又起。万历十六年（一五八八），潘季驯受朝廷任命，再次治河，出任总理河道大臣。

此时的潘季驯，已年近古稀。虽然他对仕途失去了兴致，但出于对河事的牵挂，他仍告别乡亲父老，接受任命，奔赴治河一线。

他马不停蹄地对黄、淮、运河的堤防、闸坝做了一次全面翔实的调查，并在实地勘察的基础上提出了全面综合整治江苏、山东、河南三省河防工程的详尽计划。

潘季驯还提出『淤滩固堤』的观点，因为『淤滩固堤』不仅能使大堤更加坚固稳定，还可在堤上种植庄稼，发展农业生产，可谓一举多得。

潘季驯一贯十分重视工程质量，尤其对大堤的修筑，他特别关注。这次治河的重要任务就是修复河堤并加强维护。

为了检验大堤的质量，潘季驯总结了检验堤防质量的『锥探法』，该法至今仍在被人们使用。

潘季驯还提出了保证堤坝安全度汛的『四防』『二守』，即昼防、夜防、风防、雨防，官守、民守。他还制定了栽柳、植苇、下埽等严格的护堤制度。

潘季驯还总结了河防岁修的经验，指出『河防全在岁修，岁修全在物料』。在治河过程中，潘季驯经常亲临一线，指挥大家加固堤防。

万历十七年(一五八九)六月,黄河水暴涨,水患又起,洪水肆虐。潘季驯急忙奔赴险情地段,亲临指挥,抢险堵决,昼夜不停。

正当他紧张地奔波于抢险工地时，老家传来消息，他的妻子因病去世。潘季驯心如刀绞，但他仍强压悲痛，默默坚持在堵塞决口的工地上。

当各处决口完全封堵，人们沉浸在喜悦中时，潘季驯却一头栽倒在工地上。他再也坚持不住了，只得回到济宁总河衙门，静养了一个多月，才勉强出来工作。

万历十八年(一五九〇)正月十五，人们正在欢度元宵佳节，年事已高的潘季驯却乘着一叶扁舟，带着仆从，巡视河道工程。他始终放心不下的是治河这项利国利民的大事。

潘季驯巡视归来，又感身体不适，他知道自己已很难再胜任治河重任了。于是，他向朝廷上疏请求致仕回家。

潘季驯认为治河工程事关重大，应由精明能干且年富力强的能臣来主持。自己年老体弱，已实难继续担任如此重任，望朝廷批准他告老还乡。

当时朝廷不同意他离职，反而给予了赏赐。潘季驯只好继续在总理河道大臣位置上主持治水工作。

对潘季驯而言，功名利禄已毫无意义，他唯一放心不下的只有治河大业。他强撑病体，继续到各处巡视河道，研究河道治理问题。

四次治河，潘季驯对黄、淮、运河沿线的有关地形及河道情况非常熟悉，也积累了许多治河经验。他很想将其全面翔实地记录下来，传给后人。

于是，《河防一览》一书诞生了。该书较全面地继承了前人治河的主要成果，并系统地总结了潘季驯长期治河的实践经验，是『束水攻沙论』的主要代表著作。书中的《河防一览图》是他亲自组织编绘的。

然而，黄河汛期又发大水，徐州城遭淹。一时间，人心惶惶，有人开始指责潘季驯，认为以堤束水是错误的治河方案。有人甚至提出只有迁城改河才是唯一的解决之道。

潘季驯抱病赶到徐州，亲自进行了调查，终于找到了城池积水的症结所在。他提出了采取开挖泄水渠道，引出城中积水的解决方案。

方案确定后，徐州奎山支河开凿工程马上启动。工程完工后，城中积水顺利排出，徐州城转危为安。

奎山支河的开凿，不仅彻底排除了徐州城中的积水，还一劳永逸地解除了徐州城被黄河倒灌的后顾之忧。这条河道至今仍在徐州城发挥着作用。

由于潘季驯年事已高，又长期操劳，终于又一次病倒在了治河一线。他在《患病乞休疏》中说自己『一息奄奄、僵卧待尽』了。

朝廷终于在万历二十年（一五九二）三月下旨，批准了潘季驯的辞职请求。但潘季驯又非常担心继任治河者会因不了解黄河实情而胡乱指挥，致使自己与河工们的心血毁于一旦。

为此，潘季驯除了请求朝廷选派熟悉治河的官员接替自己的职位外，还在离开的前夕上了最后一道奏疏，以自身的治河实践，指导告诫后人。

回乡不久，潘季驯即卧床不起，但仍念念不忘河道之事。万历二十三年（一五九五），一代治水名臣潘季驯在家乡去世，享年七十五岁。

潘季驯一生四治黄河。他提出的『束水冲沙法』深刻地影响了后人的『治黄』思想和实践。世界知名的水利专家恩格斯教授对这位中国古代同行的成就赞叹不已。

时光荏苒，五百年来，潘季驯的治黄方略影响了后世的治河人，著名的黄河小浪底水利枢纽工程，正是借鉴了潘季驯的治水方法，确保大河安澜。

为了纪念这位杰出的水利专家，湖州市吴兴区政府于二〇一四年在境内八里店镇三墩自然村潘季驯墓边建起了潘季驯纪念园。二〇二一年，湖州市政府又隆重举行了纪念潘季驯五百周年诞辰的活动。

责任编辑　章腊梅
装帧设计　书道闻香
责任校对　杨轩飞
责任印制　娄贤杰

图书在版编目(CIP)数据

千古治黄第一人——潘季驯 / 中共吴兴区委宣传部, 湖州市经济与文化研究会编. -- 杭州 : 中国美术学院出版社, 2021.5
ISBN 978-7-5503-2560-9

Ⅰ. ①千… Ⅱ. ①中… ②湖… Ⅲ. ①潘季驯(1521-1595) - 生平事迹 Ⅳ. ①K826.16

中国版本图书馆CIP数据核字(2021)第078972号

千古治黄第一人——潘季驯
中共吴兴区委宣传部
湖州市经济与文化研究会　编

出 品 人 : 祝平凡
出版发行 : 中国美术学院出版社
地　　址 : 中国·杭州南山路218号　邮政编码 : 310002
网　　址 : http:// www.caapress.com
经　　销 : 全国新华书店
制版印刷 : 杭州富春印务有限公司
版　　次 : 2021年5月第1版
印　　次 : 2021年5月第1次印刷
印　　张 : 2
开　　本 : 889mm×1194mm　1/64
字　　数 : 40千
图　　数 : 123幅
印　　数 : 0001-1000
书　　号 : ISBN 978-7-5503-2560-9
定　　价 : 38.00元